ORAISON FUNEBRE

DE TRÈS-HAUT, TRÈS-PUISSANT ET TRÈS-EXCELLENT PRINCE,

FERDINAND VI,

ET

DE TRÈS-HAUTE, TRÈS-PUISSANTE ET TRÈS-EXCELLENTE PRINCESSE,

MARIE DE PORTUGAL,

ROI ET REINE D'ESPAGNE;

Prononcée dans l'Eglise de Paris, le Mardi 15ᵉ Janvier 1760,
par Messire Gabriel-François MOREAU, *Evêque de Vence.*

A PARIS,

Chez AUGUSTIN-MARTIN LOTTIN, Libraire & Imprimeur,
rue S. Jacques, près S. Yves, au Coq.

═══════════════

MDCCLX.

AVEC APPROBATION, ET PERMISSION.

ORAISON FUNEBRE
DE FERDINAND VI,
ET
DE MARIE DE PORTUGAL,
Roi et Reine d'Espagne.

---

*Erant justi ambo ante Deum, incedentes in omnibus mandatis & justifi-
cationibus Domini sine querela.*

Ils étoient tous deux justes devant Dieu ; & ils marchoient dans tous les commandemens & les ordonnances du Seigneur d'une manière irréprehensible.
Evang. S. Luc. ch. 1. v. 6.

Monseigneur*,

* Monseigneur
le Dauphin.

Ministre du Dieu vivant, organe de sa parole
sainte, si je monte aujourd'hui dans la chaire de Vérité ;
A ij

si j'interromps les sacrés Myſtères & l'offrande redoutable du sang de Jéſus-Chriſt, ce n'eſt pas seulement, Meſſieurs, pour déplorer la vanité des grandeurs humaines, pour montrer aux hommes leur foibleſſe, pour leur apprendre que ni la diſtinction de la naiſſance, ni l'éclat des titres, ni la pompe des honneurs, ne peut les ſauver de la pouſſière du tombeau. Hélas ! pour annoncer aux hommes cette funeſte vérité, la voix d'un Miniſtre du Seigneur eſt-elle néceſſaire ? Les cendres d'un Roi puiſſant, & d'une Reine, ſon auguſte Epouſe, mêlées & confondues enſemble, dans un ſi court eſpace de temps ; la mort prématurée d'une grande Princeſſe (a) qui, après avoir été quelques années l'ornement d'une Cour étrangère, vient d'être enlevée à la fleur de ſon âge, ſous les yeux de ſon auguſte famille, malgré tant de mains Royales, levées inutilement vers le Ciel, pour ſuſpendre le coup fatal ; ces objets funébres qui nous environnent, ces voiles de la Mort, ces chants lugubres, ces flambeaux funéraires ; tout cet appareil de deuil & de triſteſſe, dont la vûe inſpire à l'ame une horreur ſecrette, ne nous rappelle-t-il point aſſez à notre propre néant ? Et, s'il falloit une voix plus puiſſante encore pour nous en convaincre, la Nature entière n'eſt-elle pas toujours prête à nous en inſtruire ? Les Hommes, les Familles, les Villes, les Etats, tout meurt ; tout s'éteint ; tout ſe détruit ; tout s'écroule autour de nous ; nous ſommes environnés de ruines ; nous ne marchons que ſur des tombeaux.

Sans nous arrêter à cette vérité qui eſt gravée dans notre ame en caractères ineffaçables, & dont l'univers entier nous fait chaque jour d'utiles leçons, cherchons plutôt dans la vie des deux auguſtes époux que nous regrettons, des vertus à imiter, & des exemples à ſuivre. Et d'abord, je commence par rendre graces au Dieu Puiſſant, qui fait régner les Rois, & qui forme les Vertus dans les cœurs des hommes ; je lui rends graces de ce que ces illuſtres morts, ont toujours marché dans les ſentiers de la Juſtice ; de ce que leurs noms peuvent être prononcés à la face des Autels, & ſous les voûtes de cet auguſte temple, ſans outra-

___

(a) Madame LOUISE-ELIZABETH de France, Infante, Ducheſſe de Parme, morte à Verſailles le 6 Décembre 1759.

ger le Dieu qui l'habite. Car ce n'eſt point ici un de ces éloges où l'Orateur, pour remplir ſon ſujet, eſt obligé de prodiguer de fauſſes louanges à des vertus profânes ; où, dans le cours d'une longue vie, préſentant par-tout les traits du Politique & du Héros, il offre à peine quelques traces légères du Chrétien. Ah ! Dieu eſt indigné que l'on vienne, juſqu'au pied de ſon ſanctuaire, louer des actions qui ſouvent ont irrité ſa Juſtice ; & les ſaints Autels, forcés d'entendre ces éloges coupables, ſemblent reprocher au Miniſtre, qu'il avilit la dignité de ſon caractère.

Fidéle au Dieu que j'adore, & dont j'annonce la parole, je ne viens louer que des vertus avouées de Dieu même. Pour faire l'éloge du Prince & de la Princeſſe que nous honorons, je dirai que *tous deux ont été juſtes, & qu'ils ont obſervé les commandemens du Seigneur d'une manière irreprochable. Erant juſti ambo ante Deum, &c.* C'eſt en ces termes que l'Eſprit-Saint conſacre la mémoire des fidéles époux qui donnèrent au Monde le Précurſeur du Meſſie ; & ces paroles renferment l'idée de la véritable grandeur ; puiſque l'Homme ne peut être véritablement grand, qu'autant qu'il eſt ſoumis à Dieu. Vous retrouverez ce même caractère de grandeur dans la vie de TRÉS-HAUT, TRÉS-PUISSANT, TRÉS-EXCELLENT & TRÉS-RELIGIEUX PRINCE, FERDINAND VI, ROI D'ESPAGNE & DES INDES, & de TRÉS-HAUTE, TRÉS-PUISSANTE & TRÉS-EXCELLENTE PRINCESSE MARIE, INFANTE DE PORTUGAL, ſon auguſte épouſe.

Deſtinés l'un à l'autre par les décrets de l'éternelle Providence ; liés par les nœuds d'un illuſtre mariage & , plus encore, par leur tendreſſe mutuelle ; pratiquant les mêmes vertus ſur le Thrône ; donnant à leurs Sujets les mêmes exemples ; enlevés tous les deux au milieu de leur carrière ; la main ſouveraine du Dieu qui commande aux Rois, comme au reſte des hommes, a fait tomber preſqu'en même temps ces deux grandes victimes ; unis ainſi pendant leur vie, unis encore dans le tombeau, ne les ſéparons point dans le juſte tribut que nous rendons à leurs cendres.

Je les ſuivrai dans les deux états différens de leur vie ; & lorſque, placés aux pieds du Thrône, ne voyant qu'un degré entr'eux & le rang suprême, ils apprenoient, en obéiſſant, le grand art de régner; & lorſque, ceints du bandeau Royal, revêtus de la Puiſſance ſouveraine, ils donnèrent des loix à l'Eſpagne. D'un côté vous admirerez toutes les vertus d'une vie privée : de l'autre, toutes les qualités d'une adminiſtration ſage ; & vous répéterez avec moi, que *tous deux ont été juſ-tes* , & qu'*ils ont obſervé les commandemens du Seigneur d'une manière irreprochable. Erant juſti ambo , &c.*

Mais vous peuples qui les avez perdus; vous qui mêlez enſemble vos douleurs, & confondez vos larmes, France, Eſpagne, pardonnez; en retraçant l'image de leurs Ver-tus, je vais r'ouvrir votre bleſſure; je vais augmenter vos regrets : mais ces mêmes Vertus, qui irritent le ſentiment de votre perte, ſont un gage de leur bonheur; ils doivent être pour vous un ſujet de conſolation; & le motif qui fait couler vos larmes, doit encore les eſſuyer.

PREMIERE PARTIE.

LE Maître souverain de l'univers, qui parcourt d'un coup d'œil l'immenfe étendue des temps & de l'éternité ; qui connoît ce qui n'eft pas, comme ce qui eft ; qui, par la bouche de fes Prophêtes, nommoit Cyrus deux cents ans avant fon exiftence ; qui appelle le néant, & à qui le néant répond ; qui marque les jours où tout doit commencer, & où tout doit finir ; cet Etre éternel & tout - puiffant, les yeux toujours ouverts fur les Familles, fur les Nations , & fur les Empires, voit toutes les ames qui doivent naître, & leur affigne la place qu'elles occuperont fur la terre. Mais, parmi cette foule innombrable qui doit fe fuccéder fans ceffe, comme les flots fuccédent aux flots, il diftingue fur-tout ces ames heureufes, qu'il a prédeftinées à la Vertu : portion pure & facrée du genre humain, pour qui l'univers fub- fifte, & qui honore l'univers. Où croyez-vous , Meffieurs , qu'il les place , ces ames faintes ? Eft-ce dans un rang élevé, au milieu même du fafte & de l'éclat des grandeurs ? non. Prefque toujours il fe plaît à les cacher dans l'obfcurité ; & pour quelle raifon ? écoutez, Chrétiens ; c'eft la doctrine de l'Evangile ; parce que les grandeurs humaines ne font pas dignes de la Vertu ; & que trop fouvent elles pourroient lui être funeftes. Cependant la Sageffe éternelle s'éloigne quel- quefois de ces régles ordinaires ; les plus hauts degrés & même les thrônes font quelquefois occupés par des ames choifies. Pourquoi ? premièrement, parce que les Peuples, nés imitateurs de leurs Maîtres, ont fouvent befoin de ces grands exemples ; en fecond lieu, pour que Dieu lui- même en foit plus glorifié. Car le culte que lui rendent les Maîtres du monde , femble l'honorer plus que les hom- mages du Vulgaire ; & , fi je puis parler ainfi, Dieu paroît plus grand, lorfque ces Rois, fous qui l'univers tremble ,

viennent courber leurs majeſtés redoutables aux pieds de
ſes autels.

FERDINAND VI, fut une de ces grandes ames que Dieu
avoit marquées pour faire briller la Vertu ſur le Thrône. Dès
le berceau il l'environna de gloire : le ſang qui couloit
dans ſes veines, étoit le ſang de ſaint Ferdinand, de ſaint
Louis, de Henri *le Grand*, de Louis XIV, de Philippe V.
Combien ce ſang eſt pur! vous le ſçavez, Nations du monde
entier; vous le ſçavez ſur-tout, Nations de l'Europe, qui,
depuis tant de ſiécles, admirez l'éclat de la Maiſon de Bourbon. De toutes les Familles auguſtes qui donnent des loix
à la terre, il n'en eſt aucune qui faſſe remonter ſi haut ſon
origine par une ſuite de Rois non interrompue : il n'en eſt
point dans l'univers, qui réuniſſe plus de Sceptres. Sembla-
ble à un arbre antique & fécond, vainqueur des ſiécles &
des orages, qui, dans ſa vieilleſſe, conſerve encore toute ſa
vigueur, & dont les branches multipliées s'étendent de toutes parts : déja ſes nombreux rejettons, tranſplantés dans
des climats étrangers, y fleuriſſent à l'envi; & les Peuples
s'empreſſent de venir habiter ſous ſon ombrage.

Iſſu de cette Maiſon glorieuſe, FERDINAND tenoit encore, par ſa mère, à l'illuſtre Maiſon de Savoye, où les
vertus & les talents ſont héréditaires, ainſi que les Couronnes. Quelle élévation ! & cependant ce Prince eſt encore éloigné du Thrône. Trois frères (*a*) qui ont pour
eux le droit de la naiſſance, ſemblent pour jamais lui
en interdire l'accès. Mais c'eſt lui que les décrets éternels
ont choiſi ; & ces décrets ſeront remplis. Pourquoi faut-il
que l'Eſpagne ne puiſſe avoir FERDINAND pour Roi, ſans
perdre les trois Princes qui faiſoient ſon ornement & ſes
délices ? Hélas, ce ſont les mêmes reſſorts qui dirigent les
deſtinées de la France & de l'Eſpagne ! Quelle funeſte con-
formité de malheurs entre Louis XIV & Philippe V! Tous
deux voyent les nombreux appuis de leur Couronne tomber
autour d'eux ſous les coups redoublés de la Mort. Ce n'eſt
qu'à travers les ruines de leur Maiſon, que FERDINAND &
Louis XV ſont, pour le bonheur des Peuples, tous deux

(*a*) FERDINAND VI étoit le quatriéme & le dernier des fils du premier Mariage
de Philippe V.

conduits

conduits par le Ciel à la Puiſſance ſouveraine. Trois tombeaux leur ont ſervi de degrés pour monter au Thrône. Déja
les Princes ne ſont plus; & l'héritage de la plus vaſte monarchie de l'Europe eſt deſtiné à FERDINAND. Qu'il falloit de
Vertus pour ſoutenir le fardeau de tant de gloire & de ſi grandes eſpérances! Ne craignez point pour ce Prince; Dieu, qui
l'a fait naître pour régner, le rendra digne de ſes ayeux. Déja
l'Eſpagne admire en lui les plus nobles qualités du cœur;
Fils reſpectueux, Sujet fidéle, Epoux tendre, Prince Chrétien, il unit toutes les Vertus avec toutes les grandeurs.

La guerre cruelle que l'Ambition & la Politique avoient
excitée pour la ſucceſſion de Charles II, étoit terminée; les
traités d'Utrecht & de Radſtat avoient éteint ce vaſte
incendie qui long-temps avoit embrâſé l'Europe entière,
& menacé de conſumer l'Eſpagne & la France; Philippe V,
affermi ſur ſon thrône, travailloit à réparer les malheurs,
à guérir les ſanglantes bleſſures de l'Etat; les villes déſo-
lées ſortoient de leurs ruines; les campagnes abbreuvées
de ſang ſe couvroient de moiſſons; le germe des ancien-
nes diviſions étoit étouffé; les Peuples & les Grands étoient
rappellés à une légitime dépendance.

Tandis que Philippe s'occupoit de ſoins ſi glorieux,
FERDINAND croiſſoit aux pieds du Thrône & ſous les
yeux de ſon père. Dès-lors, par une heureuſe habitude, ſe
formoient dans ſon cœur ces ſentimens de tendreſſe & de
reſpect qui ne ſe démentirent jamais. Loin d'ici ces ames
Stoïques, qui, fières d'une orgueilleuſe inſenſibilité, regardent les ſentimens du Sang & de la Nature, comme une
foibleſſe indigne des Grands, & qui doit être abandonnée
au Peuple. Quoi donc, ſeroit-ce un privilége de la Grandeur de méconnoître les droits les plus ſacrés de l'Humanité! Quoi, cet infortuné qui, en naiſſant, n'a reçu pour
héritage que la faim, la ſoif, le travail & les larmes,
ſent de la tendreſſe pour ceux à qui il ne doit que la vie!
& vous, qui, avec la naiſſance, avez reçu ce qu'il y a de
plus éclatant ſur la terre, les richeſſes, les honneurs, les
dignités & la gloire, vous vous croirez diſpenſés d'aimer
ceux à qui vous êtes redevables de tant de bienfaits? Malheur au cœur dur & barbare, qui ne préfère pas le nom
de fils au titre pompeux de Grand & de Prince! On ne

mérite pas de donner des loix aux Hommes, lorſqu'on a commencé par violer ſoi-même les premières des Loix.

Ces Loix ſont gravées dans le cœur de FERDINAND. Il ſe fait un devoir de payer à Philippe ce tribut d'amour que la Nature réclame toujours avec ſuccès dans les cœurs bien nés. Hélas! des deux auteurs de ſes jours, il ne lui en reſtoit plus qu'un qu'il pût aimer. La Mort lui avoit ravi dès le berceau ſon illuſtre mère (a). Jamais il n'avoit vû cette Princeſſe dont les deſtinées ont été ſi courtes & les vertus ſi rares, d'une habileté au-deſſus de ſon âge, d'une intrépidité au-deſſus de ſon ſexe, auſſi active que prudente, auſſi ferme dans le malheur, qu'éclairée pour trouver des reſſources, le charme de tous les cœurs par ſa bonté, le ſoutien de l'Etat par ſon génie, & dont le zèle & les grandes qualités n'ont pas moins contribué peut-être à retenir la Couronne ſur la tête de Philippe V, que le courage de ce Prince, & le bras des Berwich & des Vendôme. Princeſſe trop tôt enlevée à la terre, vous deviez donc avoir encore cette triſte reſſemblance avec votre auguſte ſœur, épouſe, comme vous, d'un petit-fils de Louis le Grand, & mère du Monarque BIEN-AIMÉ qui gouverne cet Empire. Tendres fleurs, vous avez toutes deux été moiſſonnées avant le temps. O Reine, quel reſpect, quelle tendreſſe vous auriez trouvés dans le cœur de FERDINAND! Mais le Ciel vous avoit condamnée à perdre le jour, en lui donnant la vie. Jamais ſa bouche ne prononça le tendre nom de mère ; & ſes yeux mouillés de larmes, ne virent que la tombe où vos cendres étoient renfermée.

Ainſi tous les ſentimens dont ce cœur vertueux étoit capable, ſe réunirent pour ſon auguſte père. Il aimoit ce Monarque dans ſa perſonne ; il l'aimoit encore dans tous ceux qui lui étoient attachés, & ſur-tout dans cette ſeconde épouſe qui vint diſſiper le deuil dont le Thrône étoit obſcurci, & partager avec Philippe V, le fardeau du Gouvernement. Vous me prévenez, Meſſieurs ; & déja vous penſez à cette Reine (b) que l'Italie a vû naître,

(a) MARIE-LOUISE, Princeſſe de Savoye, première femme de Philippe V, & ſœur de Madame la Dauphine, Ducheſſe de Bourgogne, mère du Roi.
(b) ELISABETH FARNESE, Reine Douairière de Philippe V.

que l'Espagne posséde encore, que l'Europe a long-temps admirée ; puissant génie, appellé par le Ciel pour régir les Empires, pour faire mouvoir les ressorts des Etats, pour captiver les Peuples, pour en imposer aux Grands, pour réformer les anciens systêmes de Politique, & pour en créer de nouveaux, pour prévoir les événemens & pour en diriger le cours, pour faire l'étonnement des nations étrangères, & la gloire de la sienne : Princesse dont les talens honorent non - seulement son sexe, mais l'Humanité ; qui, par le courage d'esprit, par la grandeur des vûes, par l'élévation des sentimens, a retracé aux yeux de l'univers frappé d'admiration, tout ce que l'Histoire nous raconte de Waldemar (a) dans le Nord, d'Isabelle en Espagne, d'Elisabeth en Angleterre, d'Anne d'Autriche en France. Epouse, mère, ayeule de Rois, aussi fortunée qu'elle est grande, elle voit plusieurs thrônes de l'Europe remplis par sa postérité.

Quels furent les sentimens de FERDINAND pour cette nouvelle Reine d'Espagne ? les mêmes que pour son père. Le nom de seconde épouse ; ce nom dangereux, qui produit tant de discordes, allume tant de haines, fait couler tant de sang dans les familles des Rois & des Particuliers ; ce nom n'excita jamais dans son cœur que l'amour & le respect. Il aimoit en elle l'image d'une mère ; il respectoit la grandeur d'une Reine ; la paix & l'union habitèrent avec lui ces Palais augustes, & en bannirent les craintes, les soupçons, les défiances, sentimens trop indignes de deux ames Royales.

Un Prince dont le cœur étoit aussi pur, pouvoit - il n'être pas un Sujet fidéle ? La puissance des Rois est la puissance de Dieu ; c'est une portion de cet empire immense que l'Être éternel exerce sur tout ce qui existe. Dieu s'est réservé le droit de commander par lui-même aux élémens ; de gouverner les astres, les mers, les foudres & les orages : mais il se repose sur les Rois du soin de commander aux Hommes. L'Eternel a l'empire des cieux ; les Rois ont l'empire de la terre. Sujets, notre devoir est d'obéir, & de courber une tête docile aux pieds du Thrône. Mais plus on est élevé ; plus cette dépendance est nécessaire. Fils d'un puissant Monarque, FERDINAND ne se regar-

_____

(a) MARGUERITE DE WALDEMAR, appellée *la Sémiramis du Nord.*

doit que comme fon premier Sujet. Expofé par fon rang aux regards de l'univers, il croyoit qu'il devoit donner aux Peuples l'exemple d'obéir ; & la foumiffion à fon Maître fut pour lui la première des vertus. Cette foumiffion va donner le plus grand fpectacle à l'Europe. Peuples, Princes, Sujets, foyez attentifs.

Ce Roi qui, par douze années de guerre & de combats, avoit foutenu fes droits au Diadême, & diffipé enfin une ligue formidable ; ce Roi qui réuniffoit plus de vingt Couronnes fur fa tête, qui donnoit des loix à toutes les Efpagnes, à une partie de l'Italie, à la Sicile, aux plus beaux climats des Indes, qui régnoit fur le Potofe & fur le Mexique, & dont la vafte domination, étendue au-delà des mers, embraffoit les deux Mondes ; Philippe V tout à coup quitte les rennes de l'Empire pour s'enfevelir dans la retraite. Jamais motif fi grand ne préfida à une réfolution auffi étonnante. Charles-Quint, raffafié de fa gloire & de fes grandeurs, fatigué des fecouffes qui avoient agité fa vie, avoit cherché dans la folitude un repos qu'il n'avoit pû trouver parmi tant d'orages. Chriftine & Cafimir, tous deux amis des Sciences, tous deux Philofophes fur le Thrône, dégoûtés de régner fur des Peuples plus guerriers que polis, avoient facrifié le rang fuprême à la douceur de vivre au fein des Arts, parmi des Peuples éclairés. Philippe V n'immole fa Grandeur qu'au défir de rendre fes Peuples plus heureux. Il ne quitte la place des Rois, que parce qu'il craint de n'en pas remplir tous les devoirs. O crainte généreufe & magnanime ! crainte qui, en le faifant defcendre du Thrône, l'éléve au-deffus de toutes les couronnes de la terre ! Le facrifice s'accomplit ; le Maître de tant d'Etats renonce au fouverain pouvoir ; fon fceptre paffe dans les mains de Louis I, héritier de l'empire. Mais, ô décrets impénétrables de l'éternelle Sageffe ! à peine Louis eft-il fur le Thrône (a), que le Tombeau s'ouvre à fes pieds. Il meurt ; & l'Efpagne, dans une même année, pleure l'abdication d'un de fes Rois, & la mort d'un autre. Arrêtez ici vos regards, ames ambitieufes, s'il en eft qui

(a) Louis I, (après l'abdication de Philippe V) âgé de 17 ans, fut proclamé Roi d'Efpagne, le 16 Janvier 1724, & mourut fort regretté le 30 Septembre de la même année.

m'écoutèz. Louis, en mourant, a ouvert à FERDINAND
la barrière du Thrône ; ses droits sont consacrés par la
sainteté des loix, par l'abdication de Philippe. D'un autre
côté, Philippe est rappellé au rang suprême par l'amour
des Peuples. Quelle sera la conduite du jeune Prince? l'Europe est attentive à ce grand événement. FERDINAND
touchoit au Thrône...... Il joint lui-même ses cris aux cris
de la Nation, pour déterminer la grande ame de Philippe
à reprendre les rennes de l'Etat. Sa seule ambition est d'o-
béir. Il veut encore apprendre sous son père le grand art
de régner, art sublime que Philippe V lui enseigne par ses
leçons comme par ses exemples. La Puissance souveraine ne
se présente à lui que sous une image affreuse, s'il faut qu'il
l'achéte par la perte d'un père : &, si ce jour fatal doit arri-
ver, les larmes dont il baignera le Sceptre en le recevant,
justifieront à l'univers son amour pour son père, son attachement pour son Roi.

De si grandes vertus annonçoient les jours les plus heureux
à l'auguste épouse que le Ciel avoit destinée à FERDINAND.
Dans une Cour où ne regnoit d'autre Politique que celle qui
fait le bonheur des Peuples ; sous les yeux d'un Roi à qui son
attachement pour la Religion a fait donner le titre de *Très-
Fidéle*, croissoit une jeune Princesse qui devoit réunir en
elle les vertus du Thrône avec celles de l'Evangile. Fille
de ces Rois célébres, qui ont cueilli tant de lauriers
sur les côtes sanglantes de la Mauritanie; qui, par une ambition plus utile au monde, ont découvert des climats & des
mers inconnues, ouvert de nouvelles routes à la Religion &
au Commerce, &, par l'étendue de leur navigation, ont porté
dans l'Afrique, aux extrêmités de l'Asie & sur les côtes du
Brésil leur domination trop resserrée en Europe. MARIE DE
PORTUGAL, par l'éclat de ses grandes qualités, surpassoit
encore l'éclat de sa naissance.

Vous parlerai-je de la pénétration de son esprit, de la
bonté généreuse de son cœur, & sur-tout de cette élévation
de sentimens, qui sied si bien à ceux qui sont destinés à
gouverner la terre ? C'est aux deux Cours dont elle a été
l'ornement ; c'est au Portugal, c'est à l'Espagne, qui l'ont
admirée de plus près, à retracer tant de rares qualités. Que
la voix des deux Nations réunies se fasse entendre, &

retentiſſe d'un bout de l'Europe à l'autre ? Il appartient aux Peuples de célébrer les Rois.

Que ne puis-je réclamer ici le témoignage de FERDINAND lui-même ? Eſprit divin, ſi votre ſouffle ranimoit tout-à-coup les froides cendres, les inſenſibles offemens de ce Roi endormi ſous la Tombe, que ne diroit-il point à l'univers des Vertus renfermées dans le cœur de ſon auguſte épouſe ? Mais, que fais-je, Meſſieurs ! je veux vous parler d'une heureuſe alliance, & je fixe vos regards ſur un tombeau. Fuyez, ombres de la Mort ; diſparoiſſez, idées funébres ; ne nous laiſſez voir en ce moment qu'un mariage fortuné, le voile nuptial, des bénédictions & des fêtes ſacrées.

Alors on vit pour la première fois le noble Sang de BRAGANCE ſe mêler avec l'auguſte ſang de BOURBON. Alors deux Nations puiſſantes, belliqueuſes & rivales, diviſées trop long-temps par des intérêts différens, ſe réunirent aux pieds des mêmes autels qui furent les témoins de l'union de FERDINAND & de MARIE. Les Anges, qui préſident à la deſtinée des deux Peuples, reçurent avec joie ces ſermens ſacrés, & les gravèrent ſur les Tables céleſtes, comme le gage aſſuré d'une paix éternelle. Qu'elle dure à jamais cette paix, & qu'elle porte aux ſiécles à venir le ſouvenir précieux d'une union auſſi tendre ! En effet, y eut-il jamais deux cœurs liés plus étroitement l'un à l'autre ? C'eſt la Vertu qui a formé ces nœuds ; c'eſt elle qui les a entretenus. Jamais l'ardeur de cette flamme pure qui s'étoit allumée en préſence des Autels ne ſe rallentit dans leur ame ; & ces ſentimens d'une religieuſe tendreſſe que l'épouſe inſpiroit à ſon époux, MARIE DE PORTUGAL ne les dut qu'à elle-même & à ſes qualités perſonnelles.

Dieu, qui eſt l'auteur de la vie, avoit refuſé à cette Princeſſe le doux nom de mère ; en vain, les vœux réunis des deux époux demandèrent au Ciel un héritier du Thrône. Cependant leur tendreſſe fut-elle moins vive. Soumis à Dieu en Chrétiens, ils ſe conſolèrent en Rois, par la vûe des auguſtes (a) ſucceſſeurs à qui les loix devoient tranſmettre leur couronne. FERDINAND voyoit dans CHARLES un Prince magnanime, un frère ſenſible, un Roi vertueux,

______

(a) CHARLES, IIIᵉ du nom, Roi d'Eſpagne, & Marie Amélie de Saxe, Reine, ſœur de Madame la Dauphine.

Le bonheur de Naples étoit pour lui le garant de la félicité de l'Espagne.

Ne vous étonnez point que ces deux augustes époux fussent si fidéles l'un à l'autre : ils faisoient leur premier devoir d'être fidéles à Dieu. Placés si haut par la naissance, ils étoient encore plus élevés par la Grace ; & aux titres de Princes & d'Héritiers d'un vaste empire, ils préféroient le titre de Chrétiens.

Le premier précepte que Dieu donna aux hommes fut celui de l'aimer. *Ecoutez*, disoit Moyse *, *écoutez ma voix, ô Israël. Vous porterez ce précepte dans votre cœur ; vous en instruirez vos enfans ; vous le méditerez & sous l'ombre de vos toîts, & au milieu des chemins ; & dans les ténébres de la nuit, & le matin à votre réveil ; vous l'attacherez à votre main comme un signe sacré ; vous le porterez empreint sur votre front ; vous l'écrirez sur le seuil & sur les portes de vos maisons.* Ce que le Législateur des Hébreux ordonnoit de la part de Dieu à son peuple, FERDINAND & son auguste épouse l'ont pratiqué, Messieurs ; ce premier & le plus grand de tous les préceptes étoit non-seulement dans leur cœur ; mais toute leur personne sembloit encore l'annoncer.

C'étoit le charme de cet amour divin qui les conduisoit si souvent aux pieds des Tabernacles. Voyez-les, pendant ce redoutable sacrifice, lorsque Jésus-Christ descend des cieux pour s'immoler sur l'Autel : accablés sous la présence d'un Dieu que la Foi leur découvre, ils baisent avec respect le pavé des Temples ; &, saisis d'une sainte terreur, ils témoignent, par un corps immobile & anéanti, la profonde religion d'une ame qui adore. Les suivrai-je jusques dans ces Tribunaux sacrés, où coule sans cesse le sang de Jésus-Christ, pour laver les péchés que la Pénitence y dépose ? Vous les verriez se dépouiller avec joie du vain appareil de la Grandeur ; venir toutes les semaines humilier aux pieds d'un Prêtre leurs têtes couronnées de gloire, & se purifier, par le repentir, des taches légères que la fragilité humaine avoit pû leur faire contracter ; je dis taches légères ; car pourrois-je en soupçonner d'autres dans deux époux qui menoient une vie aussi réglée ; qui méditoient, tous les jours pendant une heure entière, les vérités éternelles ; qui se nourrissoient souvent de la lecture des Livres saints ; qui à la Foi

* *Deuteron. Cap. VI. ℣. 6, 7, 8 & 9.*

la plus vive joignoient la Piété la plus vigilante. Sacrés Autels, Chaire de Vérité, Victime sainte qui allez être immolée par un respectable Pontife*, je vous atteste, & vous prends à témoin que je ne suis ici que l'Historien fidéle des Vertus que je décris.

C'est le caractère de la véritable Piété d'être bienfaisante, sur-tout lorsqu'elle est jointe avec la grandeur. Ces deux augustes époux, déja unis par tant de titres, formoient ensemble une nouvelle union plus glorieuse encore que toutes les autres, pour protéger le foible, pour secourir l'indigent, pour consoler le malheureux, pour bannir des villes & des campagnes la douleur, la misère & les larmes. Semblables à deux fleuves dont les sources étoient placées dans des climats différents ; unis ensemble, ils portent la fécondité dans les campagnes ; font fleurir les villes par le commerce ; fertilisent, en se débordant, les terres desséchées & stériles ; raniment par-tout la Nature languissante, jusqu'à ce que, terminant ensemble leur cours, ils aillent se précipiter en même temps dans les abîmes de la mer.

Soyez éternellement glorifié, ô mon Dieu, de ce qu'il existe encore sur la terre & dans le sein des grandeurs, de ces ames pures qui marchent devant vous dans la sainteté de votre loi, & qui donnent au monde l'exemple de la Piété chrétienne. Ces vertus que l'Espagne a possédées dans FERDINAND & dans MARIE DE PORTUGAL, la France les possède encore aujourd'hui. Oui, Messieurs, lorsque je vous représentois un Fils respectueux, un Sujet fidéle, un Epoux tendre, un Prince Chrétien, combien de fois se sont réveillées dans votre esprit des idées étrangères à mon sujet ? Dans la peinture que je vous ai tracée, vous retrouviez les Vertus de deux tendres époux *, qui font & les délices & les plus chères espérances de cet empire : heureuses Vertus qui font aujourdhui la gloire de la France, & qui, par une précieuse fécondité, en multipliant les gages de son bonheur, le perpétueront pour l'avenir. C'est ainsi que FERDINAND & MARIE DE PORTUGAL, après avoir fait l'admiration des Peuples dans leur vie privée, firent encore leur bonheur, lorsque Dieu les eut appellés au Thrône. C'est le sujet de la seconde partie.

SECONDE

SECONDE PARTIE.

QUELQU'INTERVALLE immenfe qu'il y ait entre Dieu & l'Homme, entre la foibleffe humaine & la perfection infinie, cependant il nous eft permis, que dis-je! c'eft même un devoir pour nous d'afpirer à imiter l'Etre fuprême. Condamnés à ramper fur la terre, fi nous voulons nous élancer hors du néant qui nous environne, il faut que notre efprit contemple fans ceffe l'Efprit éternel. C'eft dans cette méditation fublime que nous puiferons des idées de fageffe & de grandeur qui éleveront notre ame, & pafferont de-là dans notre conduite. Mais cette obligation fi glorieufe à l'Humanité, l'obligation d'imiter Dieu, fi elle eft commune à tous les hommes de tous les rangs, eft un devoir particulier pour les Rois, puif-qu'ils font deftinés, par leur dignité même, à repréfenter Dieu fur la terre. C'eft donc en étudiant celui qui gouverne l'univers, qu'ils apprendront à gouverner les Peuples. Que nous préfente ce grand fpectacle ? une harmonie éternelle, qui, par le contrepoids de toutes les parties & le jufte équi-libre des élémens, maintient ce vafte affemblage de tous les êtres dans une paix inaltérable ; une activité féconde, répandue de toutes parts, qui fait fans ceffe éclore de nou-velles richeffes ; qui couvre les campagnes de fleurs, de moiffons & de fruits, & réunit ce qui peut embellir la terre, avec ce qui peut être utile à l'Homme ; un commerce ré-ciproque de fecours entre les différentes parties du monde, les Cieux qui répandent la lumière de leurs aftres fur la terre & les mers ; les mers qui donnent leurs eaux, pour retomber en pluies fécondes, & fertilifer la terre ; enfin, dans la con-duite de Dieu fur le genre humain (& c'eft là la partie la plus noble & la plus cachée de cette adminiftration célefte) je diftingue fur-tout fes foins pour la Religion à laquelle tous fes décrets éternels fe rapportent: du haut des Cieux il l'étend, la protége, & la conduit à fon terme à travers le

C

mouvement des fiécles, le choc des Etats & le bouleverfe-
ment des Empires. Tels font les grands objets que nous
préfente la manière dont Dieu gouverne le monde : & tel
eft le modéle fublime, que les Rois doivent fuivre dans le
gouvernement de leurs états.

Me trompé-je, Meffieurs; & ce magnifique plan de gouvernement, n'eft-ce pas celui que FERDINAND a fuivi dans
fon adminiftration ? Oui ; à l'exémple de Dieu, il a main-
tenu la paix dans fes états; il a procuré à fes Peuples tout
ce qui peut orner ou enrichir un Empire ; il a répandu fes
bienfaits & fes fecours fur une nation voifine & malheu-
reufe ; il a enfin protégé, étendu & fait fleurir l'empire de
la Religion.

Repréfentez-vous, Meffieurs, ces temps de trouble &
d'orage, où l'Efpagne, attaquée par l'Europe entière, &
armée contre elle-même, défolée par la guerre, déchirée
par les diffenfions, inondée d'ennemis & de rebelles, ébran-
lée jufqu'en fes fondemens par la main de fes rivaux ou de
fes enfans, étoit le théâtre lugubre des combats, des victoires & des défaites : ces temps où tous les Citoyens étoient
foldats, les villes des déferts ou des monceaux de ruines,
les campagnes des champs de carnage, les familles les plus
floriffantes précipitées dans le tombeau, les arts étouffés,
le commerce anéanti, les Peuples malheureux : ces temps
où le fang couloit par-tout avec les larmes fur les débris de
cette vafte Monarchie. Après douze ans de guerre, l'Europe
fut obligée de céder ; & Philippe V triompha. Son thrône
fut affermi ; mais le bonheur de l'Efpagne ne pouvoit encore
être affuré. Ce Coloffe battu de la tempête, & qui avoit été
fur le point d'être renverfé, devoit fe reffentir encore long-
temps des violentes fecouffes qui l'avoient ébranlé. Une
longue paix étoit néceffaire à ce Royaume puiffant, mais
défolé. Philippe V ne put la donner à fes Peuples cette paix;
& le calme qui fuivit ce grand orage fut fouvent troublé ;
c'étoit FERDINAND que la Providence avoit choifi pour
affermir le bonheur de l'Efpagne. Ce fils pacifique d'un Roi
guerrier, ce nouveau Salomon, en montant au Thrône, tour-
ne toutes fes vues du côté de la paix. Il veut que la paix régne
dans fes états comme elle régne dans fon cœur. Il entre

dans le Temple; il va se prosterner aux pieds des Autels.
Là, il n'offre point au Seigneur, comme le fils de David, le
sang des génisses & des taureaux; il offre des victimes plus
agréables; il immole, sur les autels du Dieu de paix, l'Ambition, l'amour d'une fausse gloire, la passion des conquêtes:
» Ô Dieu (dit-il lorsque l'huile sainte coule sur sa tête sacrée)
» Dieu, protecteur de mes ancêtres, soyez aussi le mien; soyez
» celui de mon Peuple. Je ne vous demande point que mon
» nom soit écrit parmi les noms des Conquérans, j'aime bien
» mieux qu'il soit écrit parmi ceux des bons Rois. Je ne vous
» demande point des victoires : je serai assez grand si mon
» Peuple est heureux. Que mes triomphes soient dans les
» cœurs de mes Sujets : que mes mains ne soient jamais
» teintes du sang des hommes. Est-ce à moi d'exposer la
» vie de mes enfans ? je suis leur père : je vous dois compte
» de leur sang. Ô mon Dieu ! écartez donc, écartez loin de
» leurs têtes l'épée homicide & le souffle mortel de la guerre.
» J'aime mieux qu'ils chérissent mes bienfaits, que si d'autres
» redoutoient ma puissance «.

Tels furent les premiers vœux de FERDINAND, dès qu'il
commença à régner. Ces vœux furent portés jusqu'au Ciel;
& mis aux pieds de l'Eternel. Les Peuples, assis à l'ombre
de son thrône, goutent tranquillement les fruits de la Paix;
& le glaive, ce symbole redoutable de justice & de ven-
geance, n'est destiné dans ses mains, qu'à intimider le Vice
& à faire pâlir le Crime.

Cependant la guerre s'allume de toutes parts. Un Peuple
ambitieux, inquiet, avide de richesses, éternel ennemi de
la Paix, a dit dans son isle : » J'étendrai ma puissance; je
» régnerai sur les mers; les richesses du monde seront ma
» proie, & toutes les Nations mes tributaires «. Un Roi aussi
guerrier que politique, célèbre par des victoires, dangereux par ses projets, redoutable par son activité, unit son
génie au génie de ces Insulaires. Déja l'empire des mers
est envahi; & l'Allemagne est embrâsée. La Saxe est le premier théâtre de la guerre, & ses riches climats deviennent la
possession de l'Etranger. L'Autriche, qu'une rivalité de trois
cents ans avoit jusqu'alors séparée de la France, s'unit avec
elle pour repousser la guerre. La France attaquée par ses

anciens rivaux , toujours fidéle à ce plan de grandeur , qui dans tous les siécles fit sa politique , défend ses alliés & combat ses ennemis. La Suéde déploye ses étendarts fameux dans le Nord par tant de triomphes. La Russie, ce grand corps isolé autrefois , & à qui le génie d'un seul homme a donné tant d'influence , la Russie joint ses armes victorieuses aux armes de ses amis opprimés par l'injustice. Ces secousses se font sentir aux extrêmités du monde. La guerre vole sur les mers des Indes, jusqu'au de-là du Gange, aux bornes de l'Asie. L'Afrique voit couler le sang sur ses bords. Les déserts de l'Amérique inondés de combattans, retentissent par-tout du bruit des armes. Parmi ces agitations violentes de tout le globe de la terre, l'Espagne est immobile. Tout frémit , tout est ébranlé autour d'elle ; elle est tranquille. La Paix, bannie des deux mondes, semble avoir choisi ce Royaume pour asyle.

Que ces Politiques, qui se font une penible étude de découvrir, dans leurs principes, les causes les plus cachées des événemens , cherchent dans le cœur des hommes le motif de cette paix qui les étonne ; qu'interprétes téméraires des secrets des Etats, ils interrogent les Conseils des Rois ; pour moi, Ministre du Roi du ciel , c'est dans la volonté éternelle de mon Dieu que j'en cherche la cause. Celui qui tient dans sa main les rennes de tous les Etats, a voulu que le régne de FERDINAND fût un régne de paix. Celui qui prescrit aux flots de la mer , les bornes où leur fureur doit s'arrêter, a ordonné à la Guerre de respecter l'Espagne, & la Guerre a obéi. Je ne pénétre pas plus avant ; &, frère de tous les Chrétiens , je benis ce Dieu de miséricorde & de paix, de ce que sa clémence a secondé les intentions d'un Prince pacifique.

A ces mots de Prince pacifique , quoique le même succès n'ait pas suivi les mêmes vertus , puis-je ne pas me rappeller, Messieurs , l'idée de notre auguste Monarque. François, qui soutenez avec tant de courage le poids d'une guerre onéreuse ; qui prodiguez, avec tant de zèle , & votre sang & vos thrésors ; veuves plaintives, mères désolées, vous tous qui pleurez vos pères , vos époux , vos enfans moissonnés par la guerre , du moins n'imputez point vos larmes à votre Roi. Vous fçavez fi fon cœur eft pur ; vous fçavez s'il aime la paix , s'il la préfère à tous les avantages que la Fortune pourroit lui offrir. Oui, Meffieurs ; le cœur de Louis n'eft pas moins pacifique que l'étoit celui de FER-DINAND. FERDINAND , pour maintenir la paix , a toujours dédaigné les victoires ; Louis, forcé à la guerre , a facrifié fes conquêtes pour ramener la paix. FERDINAND n'a jamais pris les armes , parce que les droits facrés de fa Couronne n'ont jamais été violés ; Louis n'a confenti à les reprendre que , lorfqu'une Nation fuperbe , après l'avoir outragé , eut refufé de réparer fes injuftices. FERDINAND , dans le fein de la paix , a toujours évité la guerre ; Louis, au milieu de la guerre , n'a jamais cherché que la paix. FERDINAND enfin a confervé la paix à l'Efpagne ; Louis l'a déja donnée deux fois à l'Europe.

Ici , Meffieurs , quelle penfée s'offre tout-à-coup à moi ? elle eft digne d'être entendue dans ce temple facré. Je crois lire dans les décrets de l'éternelle Providence : je crois voir dans cette paix de l'Efpagne une marque affurée de la clémence divine fur toute l'Europe. Le Dieu de bonté n'a pas permis que tous les Rois fuffent engagés dans la carrière fanglante des combats ; fans doute afin qu'il y en eût un dont l'autorité impartiale & refpectée pût terminer enfin tant de divifions. L'Ecriture fainte nous repréfente Dieu pefant dans une balance les guerres , les traités , les droits & les intérêts des Nations. Mais quelquefois il remet cette balance fuprême à quelqu'un des Dieux de la terre , c'eft-à-dire des Rois qui font fes images. Anges de la paix , portez du haut des cieux , portez cette balance au Souverain à qui Dieu aura deftiné cette glorieufe fonction de juftice & d'humanité. Mais fi quelque nation fuperbe & infatiable de fang vouloit continuer encore les maux de la terre , que tous ceux qui aiment la Paix s'uniffent avec les vengeurs de la Juftice ; qu'ainfi réunis , ils foient tous les pacificateurs de l'Europe ; & qu'à la vue des drapeaux déchirés & fanglants des oppreffeurs du monde , ils adreffent tous enfemble au Dieu de miféricorde un Cantique d'actions de graces.

Si le régne de FERDINAND a été un régne de paix , ne

croyez pas pour cela, Meſſieurs, qu'il ait été un régne ſans
gloire. Les Peuples qui tous ont commencé par être bar-
bares, penſoient autrefois qu'il n'y avoit d'autre gloire pour
un Prince que celle de ravager & de détruire. Celui qui
avoit fait couler le plus de ſang, leur ſembloit mériter le
plus d'hommages. C'étoit aux coups de tonnerre qu'ils reconnoiſſoient la Divinité ; c'étoit au gain des batailles qu'ils
reconnoiſſoient les grands Rois. Enfin la Raiſon a vengé
l'Humanité ; & l'on comprend aujourd'hui que, ſans avoir
remporté des victoires, un Prince peut mériter l'eſtime de
ſon ſiécle, & les éloges de la Poſtérité.

FERDINAND, perſuadé que l'autorité ſouveraine étoit un
dépôt qu'il n'avoit reçu que pour le bien des Peuples, s'atta-
cha à procurer à l'Eſpagne tout ce qui peut faire la gloire,
le bonheur, ou la ſûreté d'un Etat.

Déja les arts renaiſſent à ſa voix. Ce que Léon X & les
Médicis avoient fait en Italie, François I & Louis XIV en
France, il l'exécute en Eſpagne. Sage imitateur de ſon auguſte biſayeul, FERDINAND attire dans ſes états une foule
d'artiſtes célébres des nations voiſines. Ses bienfaits les en-
chaînent à l'Eſpagne. L'art qui fait reſpirer la toile ; celui
qui anime & vivifie le marbre ; celui qui multiplie ſous le
burin les chefs-d'œuvre du pinceau ; celui qui, ſuivant, dans
ſa marche, les idées éternelles de l'ordre & de l'harmonie,
éléve des édifices dignes de la grandeur des Rois & de la
majeſté de Dieu, tous ces arts s'empreſſent à l'envi d'étaler
leurs merveilles ſous les yeux de FERDINAND. Les artiſtes
trouvent dans les éloges de leur Roi la récompenſe la plus
flatteuſe de leurs travaux.

FERDINAND ne ſe borne point à ſon ſiécle ; ſes vues
percent dans l'avenir. Il a la noble ambition d'être utile à
l'Eſpagne, même lorſqu'il ne ſera plus. Il réunit en un ſeul
corps (a) tous les Artiſtes célébres, pour perpétuer & con-
ſerver d'âge en âge, le dépôt des talens & du goût. Il ranime cette Société ſçavante (b) inſtituée par Philippe V,
pour veiller à la pureté de la Langue Eſpagnole, & main-

(a) L'Académie des trois Arts, ou de S. Ferdinand, inſtituée par FERDINAND VI.
Ce Prince y a fondé des prix qui ſe diſtribuent chaque année.
(b) L'Académie Eſpagnole, ſur le modéle de l'Académie Françoiſe.

tenir la majesté de son élocution ; Société utile , mais qui ,
par le malheur des guerres , avoit été jusqu'alors comme un
arbre fécond , presqu'étouffé sous des ruines.

Le commerce , cette ame des Etats , cette source de
grandeur & de richesses , qui fait circuler l'abondance en
augmentant l'industrie , ne fixa pas moins l'attention de
FERDINAND. Avant lui , la nation née fière & généreuse ,
qui pendant deux cents ans n'avoit été occupée que de
combats & de victoires , dédaignoit d'abbaisser ses mains
triomphantes à tous ces arts pacifiques qui sont les fruits de
l'industrie. FERDINAND commence par encourager l'agri-
culture. Les cultivateurs que la Grandeur oisive , & l'in-
solente Richesse regardent à peine comme des hommes ,
mais que la Raison respecte comme les bienfaiteurs du genre
humain , sont soulagés dans leurs travaux & animés par des
récompenses. Les thrésors naturels que produit chaque Pro-
vince , sans sortir de l'Espagne , comme autrefois , trouvent
des mains habiles qui les emploient. L'industrie étrangère est
appellée des pays les plus éloignés , pour perfectionner celle
des Espagnols. Des travaux immenses sont entrepris de toutes parts. Des chemins (a), dignes de la grandeur des Ro-
mains , joignent ensemble les différentes parties de cette vaste
Monarchie ; la Nature est étonnée de voir percer des montagnes. Un canal immense (b) rapproche des fleuves séparés ;
facilite les transports , & fournit des eaux pour les campagnes , lorsque le Ciel inexorable en refuse. De nouvelles routes sont ouvertes au commerce ; ses branches s'étendent jusques dans le Nord (c).

L'Espagne , sous FERDINAND , est comme une forteresse
imprenable : une armée nombreuse étudie sans cesse dans
l'image de la Guerre , la discipline , & l'art des Combats. Les
Ports (d) de ce vaste empire sont fortifiés par des ouvrages
aussi grands que durables. De nouveaux arsenaux sont bâtis ;
les anciens sont réparés ; l'abondance y rassemble, par les mains

(a) Magnifiques chemins dont l'un traverse la vieille Castille , depuis Reynossa
jusqu'à Saint-Ader , & l'autre , pratiqué dans les montagnes de Guadarama , éta-
blit la communication de Madrid avec la vieille Castille.
(b) Canal creusé depuis Palencia jusqu'à Reynossa.
(c) En Novembre 1757 , le commerce rétabli entre le Dannemarck & l'Espagne.
(d) Le port de Carthagène & son magnifique arsenal , ainsi que celui du Ferrol.

de la Paix , tous ces inftrumens utiles ou terribles de la Navigation, ou de la Guerre. Les Vaiffeaux, ces liens des deux mondes, ces appuis néceffaires de la grandeur des Etats, fe multiplient fous le régne de FERDINAND. Ses Ports, qui étoient prefque déferts, fe rempliffent de flottes nombreufes ; & le Pavillon Efpagnol vole fans péril de Cadix au Mexique. Peuples de l'Europe, qui êtes gouvernés par des Rois conquérans, ou ambitieux, j'ofe ici vous prendre pour juges. Si le bonheur des Peuples fait la grandeur des Rois, quel eft le plus grand de FERDINAND, ou de ces Monarques fi vantés ? Puiffent-ils imiter plutôt la fageffe de fon administration envers fes Sujets! puiffent-ils imiter de même fa Juftice bienfaifante envers fes Voifins!

Vous vous rappellez, Meffieurs, ces longues divifions qui défunirent, pendant deux cents ans, l'Efpagne & le Portugal. Le fucceffeur de Charles-Quint, appuyant fes prétentions d'une armée nombreufe, avoit fubjugué ce Royaume, & l'avoit entraîné dans le torrent de fa puiffance. Les fers du Portugal furent enfin brifés ; les Traités rétablirent la paix entre les deux Monarchies : mais que font les Traités, fi la Politique n'eft pas gouvernée par la Juftice? C'eft un frein pour le foible ; c'eft le joüet du puiffant. Et l'hiftoire des Rois & des Empires, que nous préfente-t-elle? que des alliances paffagères & des guerres éternelles ; des fermens de paix fuivis du carnage ; la Juftice profcrite ; la foibleffe écrafée par la Puiffance ; l'intérêt, feul arbitre du Monde, eft reconnu pour unique loi fur la terre.

Si cette loi , Meffieurs, eût été celle de FERDINAND, que feroit devenu le Portugal dans ces temps de deuil & de défolation, qui de nos jours ont prefque anéanti ce Royaume floriffant? Faut-il rappeller ici ce fatal fouvenir? Faut-il, pour peindre les vertus de FERDINAND, retracer l'image des calamités du monde? La Poftérité ne pourra s'empêcher de répandre des larmes, en apprenant les malheurs réfervés à notre fiécle.

Un tonnerre fouterrein, avant-coureur du défaftre, commence à jetter l'effroi dans les efprits. De violentes fecouffes ébranlent la terre ; les tours , les palais , les remparts fe heurtent , s'entrechoquent & s'écroulent. Les habitans,

pâles

pâles & tremblans, font enfevelis fous les ruines. Les temples écrafent, en tombant, le Prêtre, le Sanctuaire & les
Adorateurs. Lisbonne n'eft plus qu'un vafte tombeau. La
terre s'entr'ouvre; les feux qu'elle vomit, embrâfent tout ce
qui fubfiftoit encore. Les eaux s'uniffent à la flamme, pour
la deftruction; le Tage s'enfle & fe déborde; la mer s'é-
lance loin du rivage, & vient inonder ces cendres fuman-
tes. Ange de la Mort, quels coups vous avez frappés!
Fléau de Dieu........ Arrête........ N'en eft-ce point encore
affez ?.......

Ici, Meffieurs, placez fur le thrône d'Efpagne, un Monarque dont l'ambition faffe le caractère, dont l'intérêt foit
la loi; un Prince plus Politique que Jufte, & qui regarde
l'occafion de s'aggrandir, comme un titre légitime. Les
feux qui confument Lisbonne, feront des flambeaux qui
rallumeront fon ambition. Il élévera fon thrône fur ces débris; &, les armes à la main, il prouvera au Monde que les
malheureux font toujours nés pour obéir. Sentimens injuftes,
vous n'eutes jamais d'accès dans le cœur de FERDINAND. S'il
eût été en guerre avec le Portugal, ce défaftre eût été pour
lui le moment de la Paix, & le fignal de la réconciliation.
Son cœur eft attendri par la vûe de tant de maux. Ses yeux
laiffent couler des larmes, marques d'humanité, autant que
de grandeur. Mais s'il eft fenfible en homme, il eft généreux
en Roi. Armes, troupes, thréfors, il fe hâte de tout offrir
au Monarque infortuné. Il ne veut point envahir ces Pro-
vinces défolées; il ne cherche qu'à les défendre : il ne veut
point les conquérir; il n'afpire qu'à les fauver.

Dieu avoit formé pour lui-même un cœur auffi magnanime; & un Prince qui fecouroit les Rois avec tant de grandeur, étoit digne de protéger la Religion. C'eft pour elle
que les Souverains font élevés fur les têtes des Peuples.
C'eft Dieu qui affermit les thrônes : ce font les Rois qui
doivent foutenir les Autels. Maîtres d'un vafte empire,
FERDINAND & MARIE de Portugal n'oublièrent point
qu'ils avoient un Maître dans les Cieux. La loi du Seigneur fut imprimée fur les marbres de leur Palais, gravée
fur leur thrône, écrite autour de leur bandeau Royal.

Fuyez loin de leur Cour, vices corrupteurs; n'infectez point

D

de vos poifons contagieux l'air pur qu'on y refpire. Et vous, Innocence, Simplicité de mœurs, Juftice, vertus fi rares dans le fein de la Grandeur, venez vous unir avec elle. O Vérité, fi inconnue aux oreilles des Rois, approchez fans crainte ; vous ne trouverez point autour de FERDINAND, une troupe d'adulateurs qui vous ferment l'accès du throne ; là Religion veille près de ce throne facré ; elle-même vous en ouvrira la barrière.

Que de vertus, l'exemple de ces vertus royales faifoit naître dans le cœur des Sujets ! que de vices profcrits & étouffés ! Lorfque l'Arche fainte, qui étoit le fanctuaire du Dieu d'Ifrael, parut dans le temple des Philiftins, tout-à-coup les Idoles fe brisèrent, leurs débris vinrent tomber aux pieds de l'Arche ; & les Nations reconnurent la grandeur du Dieu de Sainteté. Ainfi, dans une Cour où régnent des Rois animés de l'efprit de Dieu, leur préfence feule anéantit les vices, foudroye les paffions, & porte les Peuples à glorifier l'Etre fuprême. Que la Religion parut augufte, lorfque, dans une de ces années ftériles (a), où, felon le langage de l'Ecriture, le ciel fut d'airain, & la terre avare ferma fes entrailles aux befoins des Hommes, on vit ce Prince, pour fléchir la colère des cieux, fuivre la marche folemnelle des Miniftres du Seigneur ; faire, avec tout fon Peuple, retentir fa Capitale de prières publiques ! & ce qui marque, Meffieurs, l'idée que l'Efpagne avoit conçue de la piété de fon Roi, c'eft qu'elle attribua à fes prières les pluyes fécondes, qui, deux jours après, vinrent arrofer les campagnes.

Vous repréfenterai-je ces deux auguftes époux, foutenant de leurs mains Royales ces édifices (b) fondés par la Religion, afyles de la maladie & de la pauvreté, où toutes les misères humaines trouvent dans une charité généreufe les fecours dont elles ont befoin ?

Ici, pour fatisfaire aux vœux & aux dernières volontés d'une pieufe Réine, s'éléve un fuperbe édifice deftiné à ren-

---

(a) En l'année 1752, une famine générale avoit été la fuite d'une longue ftérilité caufée par la fécherefle. La ville de Madrid, pour obtenir de la pluye, fit faire une Proceffion folemnelle, à laquelle affifta le Roi fuivi de toute fa Cour.

(b) Le Roi & la Reine d'Efpagne ont augmenté les revenus de l'Hôpital Général de Madrid, & ont fondé différens hofpices pour les pauvres dans les principales villes de l'Efpagne.

fermer des Vierges sacrées (*a*); là, dans le sein d'une ville nouvelle (*b*) je vois construire un temple où l'architecture & les arts impriment la majesté du Dieu qu'on y doit adorer. Jour sacré, où le Seigneur descendit au milieu des Anges pour prendre possession de ces deux temples, vous fûtes pour FERDINAND & pour MARIE de Portugal, un jour plus brillant que celui où ils montèrent eux-mêmes sur le Thrône !

Dévorés d'un saint zèle pour la gloire du Seigneur, ce zèle ne se borna pas à leur Capitale, il embrassa la vaste étendue de leurs états.

Lorsque l'audace & le génie d'un Homme, reculant pour nous les bornes de la terre, eut découvert un nouvel univers inconnu à tous les siécles, la Religion envoya dans ces climats sauvages, des colonies d'hommes apostoliques pour y porter les lumières de la Foi. Les temples des Idoles furent abbattus ; la Croix fut plantée au milieu des forêts, & sur les mines d'or. Tous les Rois d'Espagne fidéles à ce titre de *Catholique*, qui est un des ornemens de leur couronne, secondèrent de leur autorité ces conquêtes sacrées : mais il n'y en eut aucun qui s'y intéressât avec plus de zèle, que FERDINAND & MARIE de Portugal ; la plûpart des Princes sont jaloux d'étendre leur empire ; leur unique ambition étoit d'étendre l'empire de Jésus-Christ. Les autres veulent multiplier le nombre de leurs sujets ; ils ne cherchóient qu'à multiplier le nombre des Chrétiens.

Des dispositions aussi saintes, préparoient ces deux augustes époux à une sainte mort : & le moment approchoit où ces deux victimes Royales, purifiées par tant de Vertus, devoient offrir leur vie en sacrifice.

Le Ciel avoit ordonné que la Reine seroit frappée la première. Douze ans d'infirmités & de maladies éprouvèrent son cœur, sans lasser sa constance. Elle voit la Mort qui s'approche ; elle la voit s'avancer à pas lents, errer autour d'elle ; cette vûe ne l'étonne pas, ne l'intimide pas ; sur le lit de la

(*a*) Le superbe Monastère des Religieuses de la Visitation, projetté par la Reine, mère de FERDINAND VI, bâti & fondé par ce Prince, & où il a choisi sa sépulture, ainsi que la Reine, son épouse.
(*b*) La ville de saint-Ferdinand, & sa magnifique église.

mort, fon front conferve la même férénité que fur le thrône.

Ne croyez pas qu'elle foit animée d'une confiance témé-raire, ni qu'elle s'appuye fur fes propres forces. Elle invo-que ce Nom qui eft adoré fur la terre, qui eft tout-puif-fant dans le Ciel, qui a fubjugué la Mort, qui fait trembler l'Enfer. Elle applique fur fes lévres cette Croix falutaire : inftrument de la victoire d'un Dieu, objet de confiance pour les Hommes. Par le canal des Sacremens, elle fait couler jufques dans fon fein le fang de Jéfus-Chrift. Teinte, & pour ainfi dire, fumante de ce fang, elle brave les ennemis de fon falut. Rien de mortel ne peut plus l'occuper ; le monde s'échappe à fes yeux ; l'éternité, qui s'ouvre devant elle, fixe tous fes regards. Mais, que dis-je ? Il eft encore un fen-timent qui la rappelle à la terre. Sa tendreffe pour fon augufte époux, la rend fenfible aux larmes qu'il répand. Sa voix dé-faillante fe ranime pour le confoler. Elle léve fur lui fes yeux mourants : elle lui tend fes mains tremblantes & prefque glacées par la Mort. Hélas ! des nœuds fi doux vont être rompus ; fon facrifice s'achéve ; fes forces s'épuifent ; fes yeux fe ferment : *Que le Nom du Seigneur*, dit-elle, *foit béni dès-à-préfent, & dans tous les fiécles.* Elle expire en prononçant ces paroles. Ce fut-là comme le dernier mouvement d'une ame jufte, qui du fein de la terre s'élance dans l'Eternité.

Dès ce moment tout fut changé pour FERDINAND. Ces lieux où il avoit coutume de voir la Reine ; ce Palais où la Reine habitoit avec lui ; les marbres même où il croyoit voir imprimées les traces de fes pas, tout préfente aux yeux de FERDINAND l'image du Deuil & de la Mort. Un voile lu-gubre femble répandu fur tout ce qui l'environne. Il s'é-loigne (*a*), mais fa douleur le fuit. La Religion qui le confole, adoucit fa bleffure, mais ne lui ôte pas le trait qu'il porte dans le cœur. Sa douleur fans-ceffe immolée, renaît fans-ceffe. Ainfi, toujours fenfible & toujours foumis, parmi ces combats d'un cœur docile mais déchiré, il fe fent lui-même frappé d'une atteinte mortelle. Sa Piété femble s'af-

(*a*) Après la mort de la Reine fon époufe, arrivée le 28 Août 1758, FERDINAND VI fe retira au Château de Villa-Viciofa, où il tomba malade, & mourut le 10 Août 1759.

mir fur les débris de fon corps fragile. Dieu, qui le
rifie par la fouffrance, diffère fa récompenfe pour l'au-
menter. Ce Prince, avant que de mourir, éprouve une
péce de mort plus cruelle que la mort même. Il fe furvit,
ur ainfi dire. Enfin le moment eft venu ; les chaînes de
mortalité font brifées ; ce fouffle fi long-temps retenu
xhale, & fon ame va rejoindre dans le fein de Dieu, l'é-
pufe dont il étoit féparé.

Après d'auffi grands exemples, que ma foible voix fe
ife, pour laiffer parler un Roi & une Reine qui, pendant
ur vie comme à leur mort, ont fait confifter toute leur
randeur dans la Piété. Du fein de leur tombeau s'éléve
ne voix formidable qui condamne nos vices ; qui nous
proche nos Paffions ; qui nous avertit que le monde paf-
, & que Dieu feul eft immuable. Si vous fermez l'oreille
fes cris ; elle ne fe perdra point cette voix redoutable fous
s voutes de ce temple ; elle retournera à Dieu qui l'a en-
oyée vers vous. Dieu la gardera dans les thréfors de fa core, jufqu'au jour du Jugement des Nations. Là, elle s'é-
évera de nouveau, mais pour vous condamner, mais pour
ervir de témoin contre vous.

Que ne puis-je raffembler autour de ces tombeaux tous
es Peuples de l'Europe ; Je leur crierois : » Peuples, faites
» pénitence ; Peuples, appaifez la colère de Dieu «. Eh !
dans quels temps cette pénitence fut-elle plus néceffaire !
Quel fiécle vit commettre plus de crimes ! Jamais la Foi
fut-elle plus affoiblie, la Volupté plus effrennée, l'Audace
& l'Impiété plus triomphantes, l'Homme plus indépendant ?
Siécle affreux, tu épouventeras notre Poftérité !

N'en doutons point, Meffieurs ; voilà la fource des
maux & des calamités qui inondent l'Europe. Si ce globe
menace de s'écrouler fous fes habitans ; fi les villes font
englouties ; fi les Rois font armés contre les Rois ; fi la
terre eft inondée de carnage ; fi toutes les mers font teintes
de fang ; fi les divifions déchirent le fein des Etats ; fi la
Religion défolée pleure fes temples déferts & fes autels
prefque renverfés, n'en cherchons la caufe que dans nos
défordres. C'eft dans nos cœurs corrompus que fe forment ces
foudres qui éclattent fur nos têtes.

Inspirez donc, grand Dieu, inspirez à tous les Peuples cet amour de la Pénitence, qui seule peut désarmer votre bras. C'est vous qui, par la voix d'un de vos Prophêtes, changeates tout-à-coup une ville impie & criminelle, en une ville sainte & pénitente. Vous pouvez, ô mon Dieu, donner la même puissance à ma voix. Le roseau le plus foible peut, dans vos mains, opérer les plus grands prodiges. Soyez donc, ô mon Dieu, soyez le Sauveur des Peuples. Père des Hommes, n'abandonnez pas vos enfans. Jettez du haut des Cieux un regard de miséricorde sur tant de Nations malheureuses. Protégez cet empire où la Foi, depuis tant de siécles, se maintient pure & inaltérable. Veillez sur l'auguste Monarque qui nous gouverne, & que vous avez déjà conservé tant de fois ; sur une Reine moins grande encore parce qu'elle partage le premier thrône de l'univers, que par l'éclat & la modestie de ses vertus ; sur ce fils qui est notre espérance comme leur image ; sur son auguste épouse, si digne des sentimens qu'elle lui inspire, & qui montre à la France les mêmes qualités que l'Espagne admire aujourd'hui dans son auguste sœur. Veillez sur toute la Maison de France, dont les différentes branches répandues dans les plus belles contrées de l'Europe, n'y régnent que pour y faire régner la Justice & la Religion. Que la Paix, qui habite avec vous dans les Palais éternels, que la Paix en descende ; qu'elle vienne rétablir le calme dans le monde, & que tous les Peuples de la terre s'unissent pour bénir votre saint Nom dans le temps & dans l'éternité.

Ainsi soit-il.

APPROBATION.

J'AI LU, par ordre de Monseigneur le Chancelier, l'*Oraison Funébre* de TRÈS-HAUT, TRÈS-PUISSANT, TRÈS-EXCELLENT & TRÈS-RELIGIEUX PRINCE, FERDINAND VI, *Roi d'Espagne & des Indes*, & de TRÈS-HAUTE, TRÈS-PUISSANTE & TRÈS-EXCELLENTE PRINCESSE, MARIE DE PORTUGAL, *son auguste épouse* : En Sorbonne, le 21 Janvier 1760. *Signé*, DE LORME.